Min tvåspråkiga bilderbok
Moja dvojezična slikovnica

Sefas vackraste barnsagor i en volym

Ulrich Renz • Barbara Brinkmann:

Sov gott, lilla vargen · Lijepo spavaj, mali vuče

För barn från 2 år

Cornelia Haas • Ulrich Renz:

Min allra vackraste dröm · Moj najljepši san

För barn från 2 år

Ulrich Renz • Marc Robitzky:

De vilda svanarna · Divlji Labudovi

Efter en saga av Hans Christian Andersen

För barn från 5 år

© 2024 by Sefa Verlag Kirsten Bödeker, Lübeck, Germany. www.sefa-verlag.de

Special thanks to Paul Bödeker, Freiburg, Germany

All rights reserved.

ISBN: 9783756305315

Läsa · Lyssna · Förstå

Sov gott, lilla vargen
Lijepo spavaj, mali vuče

Ulrich Renz / Barbara Brinkmann

svenska — tvåspråkig — kroatiska

Översättning:

Katrin Bienzle Arruda (svenska)

Karmen Fedeli (kroatiska)

Ljudbok och video:

www.sefa-bilingual.com/bonus

Fri tillgång med lösenordet:

svenska: **LWSV2831**

kroatiska: **LWHR1727**

God natt, Tim! Vi fortsätter att leta imorgon.
Sov nu så gott!

Laku noć, Tim! Sutra ćemo tražiti dalje.
A sada lijepo spavaj!

Det är redan mörkt ute.

Vani je već mrak.

Vad gör Tim där?

Što to Tim tamo radi?

Han går ut till lekplatsen.
Vad är det han letar efter?

Ide van, prema igralištu.
Što li tamo traži?

Den lilla vargen!

Han kan inte sova utan den.

Malog vuka!

Bez njega ne može spavati.

Vem är det nu som kommer?

Tko li to sad dolazi?

Marie! Hon letar efter sin boll.

Marija! Ona traži svoju loptu.

Och vad letar Tobi efter?

A što Tobi traži?

Sin grävmaskin.

Svog bagera.

Och vad letar Nala efter?

A što Nala traži?

Sin docka.

Svoju lutku.

Måste inte barnen gå och lägga sig?
Undrar katten.

Zar ne moraju djeca ići u krevet?
Čudi se jako mačka.

Vem kommer nu?

Tko to sad dolazi?

Tims mamma och pappa!
Utan deras Tim kan de inte sova.

Mama i tata od Tima!
Bez svog Tima ne mogu spavati.

Och nu kommer ännu fler! Maries pappa.
Tobis morfar. Nalas mamma.

I dolaze još više ljudi! Tata od Marije.
Tobijev djed. I Nalina mama.

Nu skyndar vi oss i säng!

A sad brzo u krevet!

God natt, Tim!
Imorgon behöver vi inte leta mer!

Laku noć, Tim!
Sutra više ne moramo tražiti.

Sov gott, lilla vargen!

Lijepo spavaj, mali vuče!

Cornelia Haas • Ulrich Renz

Min allra vackraste dröm

Moj najljepši san

Översättning:

Narona Thordsen (svenska)

Karmen Fedeli (kroatiska)

Ljudbok och video:

www.sefa-bilingual.com/bonus

Fri tillgång med lösenordet:

svenska: **BDSV2831**

kroatiska: **BDHR1727**

Min allra vackraste dröm
Moj najljepši san

Cornelia Haas · Ulrich Renz

svenska   tvåspråkig   kroatiska

Lulu kan inte somna. Alla andra drömmer redan – hajen, elefanten, den lilla musen, draken, kängurun, riddaren, apan, piloten. Och lejonungen. Även björnen kan nästan inte hålla ögonen öppna ... Du björn, kan du ta med mig in i din dröm?

Lulu ne može da zaspi. Svi ostali već sanjaju – morski pas, slon, mali miš, zmaj, klokan, vitez, majmun, pilot. I lavić. Čak i medvjedu se gotovo zatvaraju oči...

Čuj Medo, jel me uzmeš sa sobom u tvoj san?

Och med det så finner sig Lulu i björnarnas drömland. Björnen fångar fisk i Tagayumisjön. Och Lulu undrar, vem skulle kunna bo där uppe i träden? När drömmen är slut vill Lulu uppleva ännu mer. Följ med, vi hälsar på hajen! Vad kan han drömma om?

I već se Lulu nađe u medvjeđoj zemlji snova. Medvjed hvata ribe u Tagayumi jezeru. A Lulu se pita, tko li to tamo gore u stablu stanuje? Kada je san završen, Lulu želi doživjeti još više. Dođi, posjetimo morskog psa! O čemu li on sanja?

Hajen leker tafatt med fiskarna. Äntligen har han vänner! Ingen är rädd för hans spetsiga tänder.

När drömmen är slut vill Lulu uppleva ännu mer. Följ med, vi hälsar på elefanten! Vad kan han drömma om?

Morski pas se igra lovice sa ribama. Konačno ima prijatelje! Nitko se ne boji njegovih oštrih zuba.
Kada je san završen, Lulu želi doživjeti još više. Dođite, posjetimo slona! O čemu li on sanja?

Elefanten är lika lätt som en fjäder och kan flyga! Snart landar han på den himmelska ängen.

När drömmen är slut vill Lulu uppleva ännu mer. Följ med, vi hälsar på den lilla musen! Vad kan hon drömma om?

Slon je lak kao jedno pero i može da leti! Uskoro će sletjeti na nebesku livadu.
Kada je san završen, Lulu želi doživjeti još više. Dođite, posjetimo malog miša! O čemu li on sanja?

Den lilla musen är på ett tivoli. Mest gillar hon berg- och dalbanan. När drömmen är slut vill Lulu uppleva ännu mer. Följ med, vi hälsar på draken. Vad kan hon drömma om?

Mali miš gleda zabavni park. Najviše mu se sviđa vijugava željeznica. Kada je san završen, Lulu želi doživjeti još više. Dođite, posjetimo zmaja! O čemu li on sanja?

Draken är törstig av att ha sprutat eld. Hon skulle vilja dricka upp hela sockerdrickasjön.

När drömmen är slut vill Lulu uppleva ännu mer. Följ med, vi hälsar på kängurun! Vad kan hon drömma om?

Zmaj je žedan od pljuvanja vatre. Najradije bi popio cijelo jezero limunade.
Kada je san završen, Lulu želi doživjeti još više. Dođite, posjetimo klokana.
O čemu li on sanja?

Kängurun hoppar genom godisfabriken och stoppar sin pung full. Ännu fler av de blåa karamellerna! Och ännu fler klubbor! Och choklad!
När drömmen är slut vill Lulu uppleva ännu mer. Följ med, vi hälsar på riddaren. Vad kan han drömma om?

Klokan skače kroz tvornicu slatkiša i puni si tobolac. Još više plavih bombona! I više lizalica! I čokolade!

Kada je san završen, Lulu želi doživjeti još više. Dođite, posjetimo viteza. O čemu li on sanja?

Riddaren har tårtkrig med sin drömprinsessa. Oj! Gräddtårtan missar! När drömmen är slut vill Lulu uppleva ännu mer. Följ med, vi hälsar på apan! Vad kan han drömma om?

Vitez vodi bitku tortama sa svojom princezom iz snova. Oh! Krem torta je promašila metu!

Kada je san završen, Lulu želi doživjeti još više. Dođite, posjetimo majmuna. O čemu li on sanja?

Äntligen har det snöat i aplandet! Hela apgänget är helt uppspelta och gör rackartyg.

När drömmen är slut vill Lulu uppleva ännu mer. Följ med, vi hälsar på piloten! I vilken dröm kan han ha landat i?

Konačno da i jednom padne snijeg u zemlji majmuna! Cijelo majmunsko društvo se raduje i majmuniše naokolo.

Kada je san završen, Lulu želi doživjeti još više. Dođite, posjetimo pilota, u čijem li snu je on sletio?

Piloten flyger och flyger. Ända till världens ände och ännu längre, ända till stjärnorna. Ingen pilot har någonsin klarat av detta tidigare.
När drömmen är slut så är alla väldigt trötta och känner inte för att uppleva mycket mer. Men lejonungen vill de fortfarande hälsa på. Vad kan hon drömma om?

Pilot leti i leti. Do kraja svijeta, pa čak i dalje do zvijezda. Niti jedan drugi pilot nije to uspio.
Kada je san završen, svi su već jako umorni i ne žele više tako puno doživjeti. Ali lavića žele još posjetiti. O čemu li on sanja?

Lejonungen har hemlängtan och vill tillbaka till sin varma mysiga säng. Och de andra med.

Och där börjar ...

Lavić ima čežnju za domom i želi se vratiti u topli i udoban krevet.
I ostali isto tako.

I tamo počinje ...

... Lulus
allra vackraste dröm.

... Lulin
najljepši san.

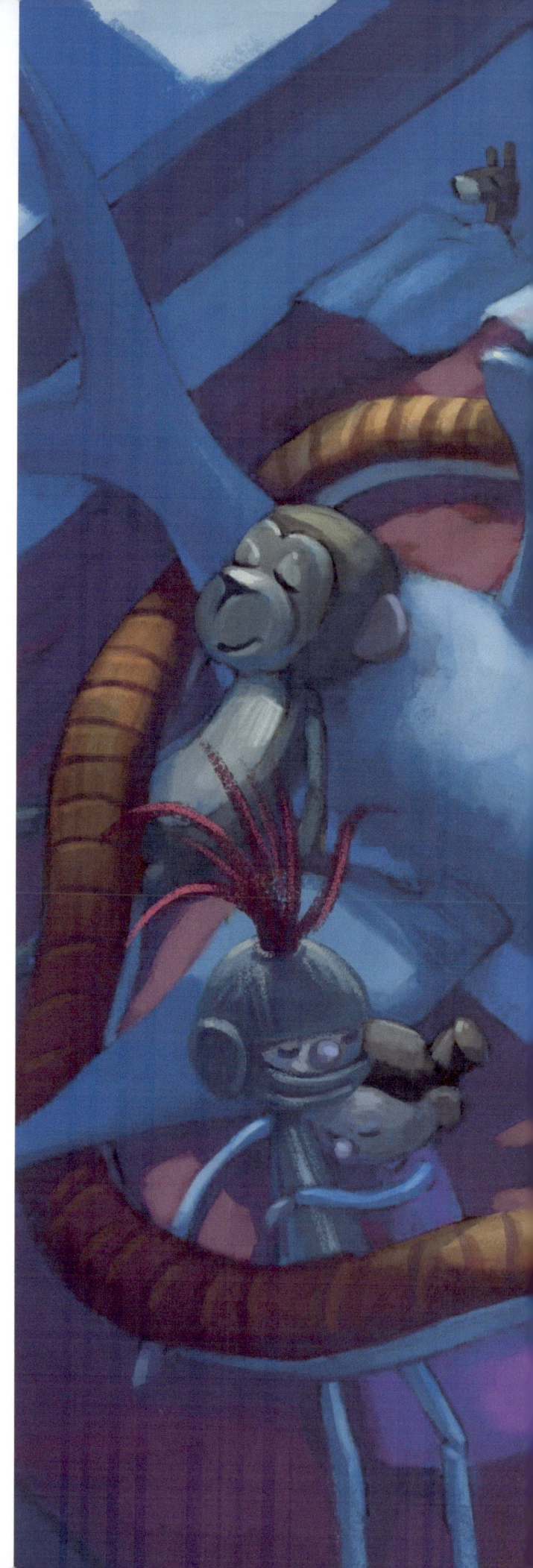

Ulrich Renz • Marc Robitzky

De vilda svanarna
Divlji Labudovi

Översättning:

Narona Thordsen (svenska)

Karmen Fedeli (kroatiska)

Ljudbok och video:

www.sefa-bilingual.com/bonus

Fri tillgång med lösenordet:

svenska: **WSSV2831**

kroatiska: **WSHR1727**

Ulrich Renz · Marc Robitzky

De vilda svanarna

Divlji Labudovi

Efter en saga av

Hans Christian Andersen

svenska — tvåspråkig — kroatiska

Det var en gång tolv kungabarn—elva bröder och en storasyster, Elisa. De levde lyckliga i ett underbart vackert slott.

Jednom davno, živjelo je dvanaest kraljevske djece—jedanaest braće i jedna starija sestra, Elisa. Živjeli su sretno u prekrasnom dvorcu.

En dag dog modern, och efter en tid gifte sig kungen på nytt. Men den nya kvinnan var en elak häxa. Hon förtrollade de elva prinsarna så att de blev svanar och skickade dem långt bort till ett fjärran land bakom den stora skogen.

Jednog dana umrla je majka, a nešto kasnije se ponovno oženio. Međutim, nova žena bila je zla vještica. Sa čarolijom pretvorila je tih jedanaestero prinčeva u labudove i poslala ih je u jednu daleku zemlju izvan velike šume.

Flickan klädde hon i trasor och smörjde in henne med en ful salva i ansiktet så att den egna fadern inte längre kände igen henne och jagade bort henne från slottet. Elisa sprang in i den mörka skogen.

Djevojku je oblačila u krpe i mazala joj lice sa ružnom masti, tako da ju čak i njezin otac nije više prepoznao i otjerao je iz dvorca. Elisa je pobjegla u mračnu šumu.

Nu var hon helt ensam och längtade efter hennes försvunna bröder med hela sitt hjärta. När det blev kväll bäddade hon en säng av mossa under träden.

Sada je bila sasvim sama i čeznula je za svojom nestalom braćom iz dubine svoje duše. Uveče napravila si je krevet od mahovine ispod drveća.

Nästa morgon kom hon fram till en lugn sjö och blev förskräckt när hon däri såg sin spegelbild. Men efter att hon hade tvättat sig var hon det vackraste kungabarnet på jorden.

Sljedećeg jutra stigla je na jedno mirno jezero i uplašila se kad je vidjela svoj odraz u vodi. No, nakon što se oprala, bila je najljepše kraljevsko dijete pod suncem.

Efter många dagar nådde Elisa det stora havet. På vågorna gungade elva svanfjädrar.

Nakon mnogo dana, Elisa je stigla do velikog mora. Na valovima ljuljalo se jedanaest labudovih pera.

När solen gick ner hördes ett sus i luften och elva vilda svanar landade på vattnet. Elisa kände genast igen sina förtrollade bröder. Men för att dom talade svanspråket kunde hon inte förstå dem.

Dok je sunce zalazilo, šum je bio u zraku i jedanaest divljih labudova sletjelo je na vodu. Elisa je odmah prepoznala svoju začaranu braću. Ali pošto su govorili labuđi jezik, nije ih mogla razumjeti.

På dagen flög svanarna bort, under natten kurade syskonen ihop sig i en grotta.

En natt hade Elisa en besynnerlig dröm: Hennes mor sade till henne hur hon kunde befria sina bröder. Av nässlor skulle hon sticka en skjorta för varje svan och dra den över den. Men tills dess får hon inte tala ett enda ord, annars måste hennes bröder dö.
Elisa började genast med arbetet. Trots att hennes händer sved som brända med eld stickade hon outtröttligt.

Danju labudovi su odlijetali, a noću sestra i braća su spavali priljubljeni jedan uz drugog u jednoj špilji.

Jedne noći, Elisa je sanjala čudan san: Majka joj je rekla kako bi mogla osloboditi svoju braću. Od koprive neka isplete za svakog labuda jednu košuljicu koju će im nabaciti. Ali do tada nije smjela govoriti niti riječ jer bi inače njena braća morala umrijeti.
Elisa je odmah počela raditi. Iako su joj ruke gorile poput vatre, neumorno je plela dalje.

En dag ljöd jakthorn i fjärran. En prins kom ridande med sitt följe och stod snart framför henne. När de såg in i varandras ögon blev de förälskade i varandra.

Jednog dana oglasili su se lovački rogovi u daljini. Jedan princ je dojahao na konju sa svojom pratnjom i već uskoro je stao pred njom. Kad su jedno drugome pogledali u oči, zaljubili su se.

Prinsen lyfte upp Elisa på sin häst och red med henne till sitt slott.

Princ je podignuo Elisu na svog konja i odveo je u svoj dvorac.

Den mäktige skattmästaren var allt annat än glad över ankomsten av den stumma vackra. Hans egen dotter skulle bli prinsens brud.

Moćni čuvar kraljevskog blaga bio je sve samo ne zadovoljan sa dolaskom nijeme ljepotice. Njegova vlastita kći trebala je biti prinčeva nevjesta.

Elisa hade inte glömt sina bröder. Varje kväll fortsatte hon att arbeta med skjortona. En natt gick hon ut till kyrkogården för att hämta färska nässlor. Samtidigt blev hon hemligt iakttagen av skattmästaren.

Elisa nije zaboravila svoju braću. Svake večeri nastavila je plesti košulje. Jedne noći otišla je na groblje da ubere svježe koprive. Čuvar blaga ju je tajno promatrao.

Så snart som prinsen var på en jaktutflykt lät skattmästaren slänga Elisa i fängelsehålan. Han hävdade att hon var en häxa som mötte andra häxor på natten.

Čim je princ otišao u lov, čuvar blaga je dao baciti Elisu u tamnicu. Tvrdio je da je ona vještica koja se noću sastaje s drugim vješticama.

I gryningen blev Elisa hämtad av vakterna. Hon skulle brännas på torget.

U zoru, stražari su odveli Elisu. Trebala je biti spaljena na trgu.

De hade knappast kommit fram när plötsligt elva vita svanar kom flygande. Snabbt drog Elisa en nässelskjorta över var och en. Snart stod alla hennes bröder framför henne som människofigurer. Bara den yngsta, vars skjorta inte hade blivit helt färdig, behöll en vinge istället för en arm.

Čim je stigla tamo, iznenada doletjelo je jedanaest labudova. Elisa je brzo nabacila svakom labudu košuljicu od koprive. Ubrzo nakon toga, sva njena braća stajala su pred njom u ljudskom obliku. Samo najmanji, čija košulja nije sasvim bila završena, zadržao je jedno krilo umjesto ruke.

Syskonens kramande och pussande hade inte tagit slut än när prinsen kom tillbaka. Äntligen kunde Elisa förklara alltihopa. Prinsen lät den elake skattmästaren slängas i fängelsehålan. Och sedan firade de bröllop i sju dagar.

Och så levde de lyckliga i alla sina dagar.

Grljenje i ljubljenje braće i sestre nije imalo kraja kada se princ vratio. Napokon mu je Elisa mogla sve objasniti. Princ je zlog čuvara blaga dao baciti u tamnicu. A nakon toga, svadba se je slavila sedam dana.

I svi su živjeli sretno do kraja života.

Hans Christian Andersen

Hans Christian Andersen was born in the Danish city of Odense in 1805, and died in 1875 in Copenhagen. He gained world fame with his literary fairy-tales such as „The Little Mermaid", „The Emperor's New Clothes" and „The Ugly Duckling". The tale at hand, „The Wild Swans", was first published in 1838. It has been translated into more than one hundred languages and adapted for a wide range of media including theater, film and musical.

Barbara Brinkmann föddes i München (Tyskland) år 1969. Hon studerade arkitektur i München och arbetar för närvarande vid Institutionen för Arkitektur vid München tekniska universitet. Hon arbetar också som grafisk formgivare, illustratör och författare.

Cornelia Haas föddes 1972 nära Augsburg (Tyskland). Efter utbildningen som skylt- och ljusreklamtillverkare studerade hon design vid Münster yrkeshögskola och utexaminerades som diplom designer. Sedan 2001 illusterar hon barn- och ungdomsböcker, sedan 2013 undervisar hon i akryl- och digitalmålning vid Münster yrkeshögskola.

Marc Robitzky, born in 1973, studied at the Technical School of Art in Hamburg and the Academy of Visual Arts in Frankfurt. He works as a freelance illustrator and communication designer in Aschaffenburg (Germany).

Ulrich Renz föddes 1960 i Stuttgart (Tyskland). Efter att ha studerat fransk litteratur i Paris tog han läkarexamen i Lübeck och var chef för ett vetenskapligt förlag. Idag är Renz frilansförfattare, förutom faktaböcker skriver han barn- och ungdomsböcker.

Gillar du att måla?

Här kan du hitta bilderna från berättelsen för färgläggning:

www.sefa-bilingual.com/coloring

www.ingramcontent.com/pod-product-compliance
Lightning Source LLC
LaVergne TN
LVHW070444080526
838202LV00035B/2731